LA MIMOSCULPTURE

par

SAJOU

PARIS

LA

MIMOSCULPTURE

OU

L'ART D'IMITER EN CUIR

LA SCULPTURE SUR BOIS

PAR

M. SAJOU

Chevalier de la Légion d'honneur,
membre de la Société d'encouragement pour l'industrie nationale,
honoré de plusieurs médailles à toutes les Expositions.

——◆——

PARIS,

Rue de Rambuteau, 52.

AVANT-PROPOS.

Depuis quelques années, le goût des objets d'art s'est beaucoup développé, et la sculpture sur bois a trouvé naturellement, et à juste titre, de nombreux amateurs. Chacun sait que les merveilles qu'elle enfante exigent de leurs auteurs un véritable talent, tant pour la composition que pour le fini du travail ; il s'ensuit que les meubles en bois sculpté, quelle que soit leur faible importance, sont d'un prix très élevé, et par cela même difficiles à se procurer.

Nous avons pensé que l'imitation de ces travaux artistiques, simplifiée de telle sorte qu'elle puisse être à la portée de chacun, intéresserait un grand nombre de personnes, aujourd'hui surtout que presque toutes les Dames s'occupent de la confection des fleurs, soit en papier, soit en batiste.

Cette imitation du bois sculpté se rapproche beaucoup du travail des fleurs artificielles ; mais elle en diffère assez cependant pour qu'un traité complet de ce nouveau passe-temps, parfaitement approprié au loisir des Dames, nous ait paru devoir obtenir quelque succès.

Nous avons réuni dans ce petit volume tous les renseignements nécessaires à cette imitation, qui consiste à découper en cuir des fleurs et des fruits pour en composer des groupes ou des guirlandes.

SAJOU, 52, rue Rambuteau, à Paris.

Comme application de ce travail, nous indiquerons l'ornement des cadres, destinés, soit à entourer des tableaux, soit à entourer des glaces; les boîtes de toutes formes et de toutes grandeurs, des croix, des bénitiers, des tables, des écrans, des guéridons, des vide-poches, des porte-montres, porte-lettres, porte-journaux, etc., etc. En un mot, ce genre d'ornement peut s'étendre indéfiniment, et chacun y trouvera de quoi exercer son talent sans fatigue, sans études longues et ennuyeuses, et enfin sans de grandes dépenses.

Indépendamment de la couverture de ce petit volume, qui offre un spécimen de la *mimosculpture* nous donnons une série de douze planches qui représentent un choix varié de modèles à l'aide desquels il sera facile d'exécuter de ravissants objets; nous n'avons pas omis d'y indiquer les outils nécessaires.

Pour compléter nos enseignements, et afin que chacun puisse préalablement connaître la dépense à faire pour la *mimosculpture* nous donnons ici les prix des fleurs faites, des outils et des apprêts; puis à la page 25 nous donnons la liste de tout ce que nous réunissons dans ce que nous appelons une *boîte-école*. Dans cette boîte il y a de quoi exécuter un assez grand nombre de fleurs avec feuillage. De cette manière, il est facile de commencer ce travail à peu de frais.

PRINCIPES GÉNÉRAUX.

Pour l'imitation de la sculpture sur bois (mimosculpture), on emploie la peau dite *basane*. Il faut la choisir épaisse et bien unie. Quand on veut imiter le *chêne neuf*, il faut employer la basane telle qu'on l'achète, c'est-à-dire de couleur naturelle ; mais, pour imiter le *vieux chêne*, il faut la teindre avec de la couleur vieux chêne, qui se prépare pour cet usage ; cette opération se fait avant de découper la peau.

Lorsque les fleurs ou les feuillages sont terminés, on remplace ce qu'elles ont pu perdre de couleur par les opérations successives qu'elles ont subies, en leur donnant avec un pinceau ferme une nouvelle couche de *couleur* vieux chêne. Après avoir laissé sécher, on ajoute une couche de *mixtion*, ce qui donne un léger vernis, conserve les tons, et préserve de la poussière. Le bois sur lequel on dispose les fleurs, feuilles ou fruits, devra recevoir la même préparation, afin que l'ensemble présente une teinte uniforme.

SAJOU, 52, rue Rambuteau, à PARIS.

On pourra tailler soi-même toutes les fleurs, mais il est beaucoup plus agréable et pas plus dispendieux de se procurer les *apprêts* découpés à l'emporte-pièce.

Avant de gaufrer les fleurs et les feuillages, on fait amollir la peau en la plongeant dans l'eau pendant quelques minutes ; puis on la pose sur plusieurs doubles de linge très doux, afin de l'essorer.

Pour les fruits ou baies, on peut employer des moules en bois qui se vendent comme les apprêts, ou confectionner soi-même ses moules avec de la cire à modeler dans laquelle on fixe au milieu une petite tige de fil de fer. Les moules se recouvrent avec de la peau de gants que l'on fait amollir, comme nous l'avons dit, pour la basane. Il faut tendre fortement cette peau sur les moules et la retenir sur la tige avec du cordonnet. Les tiges de fil de fer se recouvrent avec de la peau de gants ou avec du papier brouillard, en se servant de petites bandes étroites que l'on tourne autour comme pour les fleurs artificielles.

Les parties principales des fleurs dont on veut orner un objet quelconque se fixent par des petits clous ; les tiges et les extrémités des feuilles se collent avec de la colle-forte à froid.

CŒURS.

Rien n'est plus simple que de faire les cœurs de fleurs en *mimosculpture :* il s'agit seulement de tailler des ronds en basane et de leur donner tout autour des coups de ciseaux très rapprochés les uns des autres.

Lorsque les ronds sont ainsi déchiquetés, il faut avec le poinçon faire deux trous au milieu, afin d'y passer un petit fil de fer dont les deux brins se réuniront à l'envers de la peau pour y être tortillés fortement avec les pinces, afin de former la tige.

Ceci terminé, il faut mouiller la basane et relever tout autour les petites déchiquetures; on laisse sécher ainsi, puis on coupe régulièrement le dessus du cœur.

SAJOU, 52, rue Rambuteau, à Paris.

FLEURS.

N° 1. — Rose pompon.

La rose pompon est composée de quatre rangs de pétales (voyez les patrons n°s 2, 3, 4 et 5) et d'un cœur (voyez le patron n° 6).

Après avoir préparé le cœur comme il a été dit plus haut, on creuse avec l'outil-boule le milieu de chacun des quatre patrons composant la fleur. On recourbe les bords en dehors avec les pinces. Lorsque tous les pétales sont disposés, on les laisse sécher ; puis on les enfile sur la tige, en commençant par le n° 2, qu'on fixe sur le cœur avec de la colle-forte à froid ; on fait de même pour le n° 3, que l'on colle sur le n° 2, et ainsi de suite jusqu'au n° 5.

N° 7. — Rose églantine.

Pour cette fleur, un seul rang à pétales suffit. C'est le patron n° 8 qu'il faut prendre.

On creuse fortement le milieu avec le plus gros outil-boule, puis on renverse en dehors les extrémités des pétales comme pour la rose pompon.

Le patron n° 6 sert pour le cœur, et le n° 9 pour les pistils. Après avoir fortement creusé le n° 9, on l'enfile sur la tige du cœur; puis on termine la fleur en y ajoutant le rang de pétales n° 8 que l'on fixe avec la colle.

N° 10 — Primevère.

Le patron n° 6 est celui à l'aide duquel on forme le cœur, et les patrons n°s 2 ou 3 servent l'un ou l'autre à former la fleur, suivant la dimension que l'on veut lui donner. On creuse le milieu avec l'outil-boule, puis on renverse les bords en dehors. La colle-forte sert à fixer les pétales sur le cœur.

N° 11. — Reine-marguerite.

La reine-marguerite se compose des six patrons n°s 12, 13, 14, 15, 16 et 17. Il faut déchiqueter les n°s 12, 13 et 14, et commencer à fixer la tige sur le n° 12 ; puis on enfilera successivement les n°ˢ 13 et 14, et l'on relèvera toutes les déchiquetures, afin de les tondre également.

Les trois rangs de pétales n°ˢ 15, 16 et 17 se creusent avec l'outil-boule ; mais au préalable, il faut faire deux nervures sur chaque pétale avec l'outil à nerver, et l'on recourbe légèrement en dehors avec les pinces les extrémités des pétales.

Il va sans dire que les cinq patrons qui se placent sur la tige sont fixés successivement avec de la colle-forte à froid.

N° 18. — Boutons de rose.

On commence par tailler un morceau de basane sur le patron n° 19 ; on repousse le milieu avec le petit doigt pour former le haut de l'intérieur du bouton ; on réunit les trois pointes à la base en plaçant au milieu une tige de fil de fer, puis on lie fortement avec du cordonnet la partie inférieure du bouton, et on laisse sécher.

Il faut ensuite y ajouter le calice ou *araigne*, n° 20, après avoir creusé chacune des trois parties avec l'outil-boule. Il n'y a plus qu'à coller le fond du calice en fixant aussi le corps du bouton dans ledit calice.

Nº 21. — Clochette.

La clochette ne se compose que d'un rond de basane nº 22, qu'il faut creuser fortement au milieu avec le plus gros outil-boule. Il suffit de voir la fleur pour comprendre ce qu'il y a à faire avec les doigts et les pinces pour lui donner la forme ondulée et renversée qui la caractérise.

On termine la clochette en introduisant, dans un trou pratiqué au centre à l'aide d'un poinçon, une sorte de pistil formé d'une petite lanière de basane qui, tournée et vrillée sur elle-même, formera la tige de la fleur.

Nº 23. — Jasmin.

Le jasmin se compose de cinq pétales réunis en un seul patron, le nº 24.

Il faut former une nervure sur chaque pétale, et creuser le milieu de la fleur à l'aide de l'outil-boule. On recourbera ensuite chaque pointe avec les pinces.

Comme pour les *cœurs*, il faut percer deux trous au milieu de la fleur, afin de faire la tige comme nous l'avons déjà indiqué. L'addition d'un pistil rond est indispensable; il va sans dire que le pistil doit être de la couleur de la basane, et que la tige doit être recouverte ou *passée* avec de la peau ou du papier brouillard.

N° 25. — Bouton d'or.

Le bouton d'or se compose: 1° d'un cœur n° 26, qu'il faut disposer comme nous l'avons indiqué pour les fleurs précédentes ; 2° d'un rang de pétales n° 27, dont il faut creuser fortement chaque pétale avant de les réunir au cœur par une goutte de colle-forte.

N° 28. — Aubépine.

L'aubépine se forme par quatre pistils auxquels on fixe la tige, et par le patron n° 29 dont on creuse chaque pétale avec le petit outil-boule, ainsi que nous l'avons dit pour le bouton d'or.

N° 30. — Myosotis.

Cette fleur se fait exactement comme l'aubépine, à l'exception qu'on n'y met qu'un seul pistil au lieu de quatre. Prenez le patron n° 31, creusez chaque pétale, enfilez la tige et collez.

N° 32. — Pâquerette, ou marguerite des champs.

Cette petite fleur se compose d'un cœur n° 26 et d'un rang de pétales n° 33. Il faut imprimer une nervure sur chaque pétale, ainsi que nous l'avons déjà expliqué, et creuser le milieu à l'aide d'un petit outil-boule. Chaque pétale devra être relevé sous le cœur, afin que la fleur ne s'évase pas. On terminera en courbant en sens inverse les pointes des pétales.

N° 34. — Chrysanthème.

Il faut pour cette fleur les quatre rangs de pétales n°⁵ 35, 36, 37 et 38.

Après avoir préparé le cœur n° 39 de la manière qui a été indiquée, on prend l'outil à nerver pour faire une nervure sur chaque pétale, puis on creuse le milieu de chaque rang de pétales avec l'outil-boule. Il ne reste plus qu'à recourber chaque pointe en dehors, et à enfiler et coller successivement chaque rang de pétales.

Nº 40. — Petit chrysanthème simple.

On commence par former le cœur avec les deux patrons nᵒˢ 39 et 41 ; ensuite on prend un rang de pétales nᵒ 42, auquel on fait des nervures avant de le creuser et de recourber les extrémités des pétales.

Nº 43. — Anémone.

Après avoir préparé le cœur avec les patrons nᵒˢ 44, 45, 46 et 47, ainsi que nous l'avons expliqué pour la reine-marguerite, on prend un rang de pétales nᵒ 48, auquel on fait des nervures sur le milieu de chaque pétale, et que l'on creuse à l'envers, afin de recouvrir en partie le cœur, ainsi que le représente le modèle de fleur nᵒ 43.

Vient ensuite le patron nᵒ 49, auquel on fait des nervures, et que l'on creuse à l'endroit pour ensuite recourber en dehors les pointes de chaque pétale.

Il vous reste à prendre le grand patron nᵒ 50, qui forme les six grands pétales extérieurs. Formez trois nervures sur chaque pétale, ainsi qu'elles sont indiquées au modèle ; creusez le milieu du patron, puis recourbez en dehors les extrémités de chaque pétale en les pinçant avec les doigts. Collez solidement.

FEUILLAGE.

Toutes les feuilles, quoique très différentes, se préparent de la même manière. Voici comment il faut procéder :

La basane étant préparée comme il a été dit aux *Principes généraux*, c'est-à-dire découpée, mouillée, essorée, etc., on forme les nervures avec l'outil à nerver, dont on verra plus loin le modèle sous les n°⁵ 82 et 83. Cette opération est très simple et consiste seulement à appuyer fortement ledit outil à la base de chaque feuille pour aller en diminuant jusqu'au bout, afin de parfaitement imiter la nature. La vue seule de l'outil à nerver et les modèles de feuillage que nous donnons dans cette brochure feront comprendre tout de suite combien l'opération est facile. Il suffit en effet de poser l'outil en appuyant et de relever la main pour aller en diminuant de force jusqu'à la pointe.

La tige, qui doit être très ronde, se forme avec les pinces.

On creuse le milieu des feuilles avec les doigts pour les modeler en se rapprochant le plus possible de la nature; on renverse le tour avec les pinces, puis on laisse sécher sans y toucher, afin de ne pas déformer son ouvrage.

Ainsi qu'on le verra par les *patrons* de feuillage que nous donnons plus loin, il faut laisser à la base de chaque feuille une bande de 15 à 20 millimètres de long sur 4 à 5 de large pour former la tige.

On remarquera également sur nos *patrons* de feuillage que, lorsqu'on veut former une branche ou une guirlande, il faut découper la peau de façon à faire le tout d'un seul morceau de basane. Une partie de guirlande de vigne n° 68 et les tig. s n° 55 et 58 feront parfaitement comprendre notre recommandation.

N°s 51, 52 et 53. — Feuilles de rose.

Ces trois patrons de feuilles de rose sont ceux le plus généralement employés.

N°s 54 et 55. — Tige de trois feuilles de rose.

La figure 54 représente le patron, et le n° 55 donne l'image exacte à cette tige lorsqu'elle est terminée.

N° 56. — Feuille de marguerite.

Cette figure représente le patron. (Voir, pour la forme à donner, le n° 58.)

N°ˢ 57 et 58. — Tige de feuilles de marguerite.

Patron et tige terminée.

N°ˢ 59 et 60. — Feuilles de jasmin.

Ces deux patrons servent à faire les feuilles n°ˢ 61 et 62.

N°ˢ 61 et 62. — Feuilles de jasmin.

Les deux modèles indiquent parfaitement de quelle manière il faut nerver et contourner ces jolies petites feuilles.

N°s 63, 64 et 65. — Feuilles de clochettes.

Trois patrons les plus usités. Chaque patron porte avec lui la peau nécessaire pour former la vrille qui doit l'accompagner. Cette vrille doit être arrondie et vrillée avec les doigts. (Voir le n° 66.)

N° 66. — Feuille de clochette.

Emploi du patron n° 64.

N°. 67. — Partie de guirlande de feuilles de vigne.

Cette branche de huit ou dix feuilles, suivant la nécessité, est faite d'un seul morceau, avec le patron dont une partie est représentée à côté, sous le n° 68.

Nous n'avons rien à dire pour la manière de l'exécuter ; nos explications précédentes suffiront à faire comprendre la facilité avec laquelle cette guirlande peut être faite. Elle est un fragment de la charmante petite couronne qui se trouve sur la couverture de ce petit ouvrage.

N° 68. — Partie du patron pour exécuter la branche de vigne n° 67.

N° 69. — Feuille de lierre terminée.

N° 70. — Patron pour la feuille n° 69.

Nᵒˢ 71, 72 et 73. — Feuilles de vigne.

Dessinées d'après nature et entièrement terminées.

Nᵒˢ 74, 75 et 76. — Trois patrons avec tiges et vrilles pour les trois feuilles de vigne ci-dessus.

Pour les vrilles, nous ne pouvons que répéter ce que nous avons dit pour la feuille et la fleur de la clochette.

Nᵒˢ 77 et 78. — Feuilles d'anémone.

Dessinées d'après nature et entièrement terminées.

Nᵒˢ 79 et 80. — Patrons des deux feuilles ci-dessus.

OUTILS.

N°s 81. *Outil-boule*. Il y en a cinq grosseurs.

82. *Outil à nerver*, vu de face.

83. *Le même*, vu de profil.

84. *Pinces plates* pour faire les tiges et donner la forme aux pétales.

85. *Poinçon*. Il sert principalement à percer les trous pour le passage des tiges.

86. *Ciseaux*. Ce modèle est le meilleur, mais il n'est cependant pas indispensable.

87. *Pinces à couper*. C'est surtout pour le fil de fer que cet outil est nécessaire.

88. *Marteau* pour clouer les imitations de sculpture sur le bois qui doit les recevoir.

OBJETS INDISPENSABLES.

Une bobine fil de fer recuit.
Une bobine cordonnet couleur chêne.
Un flacon couleur vieux chêne.
Un flacon mixtion pour vernir.
Des pistils couleur chêne.
Colle-forte à froid.
Papier brouillard bien collé.

SAJOU, 52, rue Rambuteau, à Paris.

PRIX :

FLEURS FAITES,

COULEUR VIEUX CHÊNE.

N°.		La douzaine.	
1.	Roses pompon.	6	»
7.	Roses églantine.	2	50
10.	Primevères	2	50
11.	Reine-marguerite	6	50
18.	Boutons de roses	5	50
21.	Clochettes.	2	50
23.	Jasmin	1	75
25.	Boutons d'or	1	75
28.	Aubépines	1	50
30.	Myosotis.	1	25
32.	Petites marguerites	2	»
34.	Chrysanthèmes	6	»
40.	Petits chrysanthèmes	2	50
43.	Anémones grandes	7	50
	— moyennes	6	50
	— petites	6	»

APPRÊTS.

PÉTALES ET ARAIGNES, ETC.,

COULEUR VIEUX CHÊNE.

N°s.		La douzaine.	
2.	Ronds de pétales pour roses pompon	»	30
3.	Ronds de pétales pour roses pompon	»	30
4.	Ronds de pétales pour roses pompon	»	30
5.	Ronds de pétales pour roses pompon.	»	20
8.	Ronds de pétales pour rose églantine..	»	40
15.	Ronds de pétales pour reine-marguerite.	»	55
16.	Ronds de pétales pour reine-marguerite.	»	55

N°.		La douzaine.
17.	Ronds de pétales pour reine-marguerite.	» 55
19.	Cœurs de boutons de roses .	» 40
20.	Araignes — .	» 70
22.	Ronds pour clochettes. . . .	» 40
24.	Ronds de pétales pour jasmin.	» 30
27.	Ronds de pétales pour bouton d'or .	» 15
29.	Ronds de pétales pour aubépine.	» 15
31.	Ronds de pétales pour myosotis.	» 15
33.	Ronds de pétales pour marguerite des champs. . . .	» 15
35.	Ronds de pétales pour chrysanthèmes .	» 30
36.	Ronds de pétales pour chrysanthèmes .	» 30
37.	Ronds de pétales pour chrysanthèmes .	» 30

N°.		La douzaine.
38.	Ronds de pétales pour chrysanthèmes .	» 30
42.	Ronds de pétales pour petits chrysanthèmes. .	» 35
48.	Ronds de pétales pour anémones .	» 40
49.	Ronds de pétales pour anémones .	» 40
50.	Ronds de pétales pour anémones .	1 30

CŒURS,

COULEUR VIEUX CHÊNE.

Ron's n°⁵ 6, 9, 12, 13, 14, 26, 39, 41, 44, 45, 46 et 47. . . .	»	10

DÉCOUPURES POUR FEUILLAGES,

COULEUR VIEUX CHÊNE.

51.	Feuilles de roses .	» 25

N°ˢ.		La douzaine.
52.	Feuilles de roses	» 25
53.	—	» 35
54.	Tiges de feuilles de roses . .	» 90
56.	Feuilles de marguerites. . .	» 35
57.	Tiges de feuilles de marguerites	» 90
59.	Feuilles de jasmin.	» 70
60.	—	» 90
63.	Feuilles de clochettes	» 40
64.	—	» 40
65.	—	» 50
68.	Branches de huit ou dix feuilles de vigne	» »
70.	Feuilles de lierre.	» 55
74.	Feuilles de vigne	» 70
75.	—	1 10
76.	—	1 30
79.	Feuilles d'anémones.	1 »
80.	—	1 30

FEUILLAGES FAITS,

COULEUR VIEUX CHÊNE.

N°ˢ.		La douzaine.
55.	Tiges de trois feuilles de roses.	1 70
58.	Tiges de trois feuilles de marguerites	1 70
61.	Feuilles de jasmin	1 80
62.	—	2 »
66.	Feuilles de clochettes	1 50
67.	Branches de huit ou dix feuilles de vigne	» »
69.	Feuilles de lierre	1 20
71.	Feuilles de vigne	1 70
72.	—	2 »
73.	—	2 60
77.	Feuilles d'anémones.	2 »
78.	—	2 60

OUTILS.

N°°.		La pièce.
81. Outil-boule (Il y en a cinq grosseurs)	1	»
82 et 83. Outil à nerver	1	40
84. Pinces plates	1	50
85. Pointe ou poinçon	»	85
86. Ciseaux	2	»
87. Pinces à couper, 1re qualité.	4	»
88. Marteau	2	50

OBJETS DIVERS.

	La bobine.
Fil de fer recuit	» 30
Cordonnet couleur chêne	

	Le flacon.
Couleur vieux chêne	» 75
Mixtion pour vernir	1 »
Colle-forte à froid	» 50
Pistils couleur vieux chêne	
Papier brouillard, bien collé . . .	

BOITES-ÉCOLE.

La boîte école est destinée à procurer, aux personnes qui désirent s'occuper de *mimosculpture*, tout ce qui leur est nécessaire ; son prix est de 12 fr. prise chez M. Sajou. — Voici la liste de tous les objets qu'elle contient :

2 outils boule. — 1 outil à nerver.

N°°.	
43. 1 fleur d'anémone.	
2. 2 rangs de pétales pour roses pompon.	

N°°.	
3. 2 rangs de pétales pour roses pompon.	
4. 2 — —	

Nᵒˢ.

5. 2 rangs de pétales pour roses pompon.
6. 2 ronds pour cœurs de roses pompon.
8. 2 rangs de pétales pour roses églantines.
9. 2 ronds pour cœurs de roses églantines.
12. 2 ronds pour cœurs de reine-marguerite.
13. 2 ronds pour cœurs de reine-marguerite.
14. 2 ronds pour cœurs de reine-marguerite.
15. 2 rangs de pétales pour reine-marguerite.
16. 2 rangs de pétales pour reine-marguerite.
17. 2 rangs de pétales pour reine-marguerite.
19. 2 cœurs de boutons de roses.
20. 2 araignes —
22. 2 ronds pour clochettes.

Nᵒˢ.

24. 2 rangs de pétales pour jasmin.
26. 4 ronds pour cœurs de bouton d'or et de petites marguerites.
27. 2 rangs de pétales pour boutons d'or.
29. 2 — pour aubépine.
31. 2 — pour myosotis.
33. 2 rangs de pétales pour petites marguerites.
35. 2 rangs de pétales pour chrysanthèmes.
36. 2 — —
37. 2 — —
38. 2 — —
39. 2 ronds pour cœurs de chrysanthèmes.
41. 2 — —
42. 2 rangs de pétales pour chrysanthèmes.
44. 2 ronds pour cœurs d'anémones.
45. 2 — —
46. 2 ronds pour cœurs d'anémones.
47. 2 — —
48. 2 rangs de pétales pour anémones.

Nᵒˢ.
49. 2 rangs de pétales pour anémones.
50. 2   —   —
51. 2 feuilles de roses.
52. 2   —
53. 2   —
54. 2 tiges de feuilles de roses.
56. 2 feuilles de marguerites.
57. 2 tiges de feuilles de marguerites.
58. 1 tige de feuilles de marguerite faite.
59. 2 feuilles de jasmin.
60. 2   —
62. 1 feuille de jasmin faite.
63. 2 feuilles de clochette.

Nᵒˢ.
64. 2 feuilles de clochette.
65. 2   —
66. 1 feuille de clochette, faite.
69. 1 feuille de lierre, faite.
70. 2   —
73. 1 feuille de vigne, faite.
76. 2   —
78. 1 feuille d'anémone, faite.
80. 2   —
    1 flacon couleur vieux chêne.
    1 —   mixtion.
    1 —   colle-forte à froid.
  12 pistils.

Nous publions, en outre, des modèles de différents objets que les Dames pourront facilement copier.

RAPPORT

FAIT A LA SOCIÉTÉ D'ENCOURAGEMENT

Par M. MICHELIN,

AU NOM DE LA COMMISSION PERMANENTE DES BEAUX-ARTS APPLIQUÉS A L'INDUSTRIE,

SUR LES

DESSINS DE TAPISSERIE FABRIQUÉS DANS LES ATELIERS

DE M. SAJOU,

Rue Rambuteau, n° 52, et rue des Anglaises-Saint-Marcel, n°ˢ 18, 20, 22 et 24.

MESSIEURS,

Le 3 mai 1843, M. Vallot, notre ancien collègue, vous annonçait, au nom du comité des arts économiques, qu'une nouvelle industrie venait de se naturaliser à Paris, sous la direction de M. Sajou.

Effectivement, depuis 1840, cet habile industriel s'était efforcé de doter la France de la fabrication des dessins de tapisserie connus dans le commerce sous le nom de *dessins de Berlin*.

Aujourd'hui M. Sajou vient vous demander de constater, non-seulement ses progrès commerciaux, mais encore les nombreux travaux qu'il a entrepris, et la grande importance qu'il a donnée, sous tous les rapports, à son établissement.

Après avoir visité ses ateliers, établis rue des Anglaises, la commission des beaux-arts a l'honneur de vous exposer que, tout en continuant de publier avec succès ses beaux et brillants modèles coloriés de tapisserie, dits *dessins de Berlin*, dont l'exécution en France a longtemps paru douteuse, M. Sajou a, en outre, mis dans le commerce des dessins de broderie pouvant servir à la confection d'ouvrages au crochet, en filet, en guipure, etc., etc. Ceux pour broderie sont presque toujours en blanc, sur papier vert, ce qui, fatiguant moins les yeux, l'a engagé à leur donner le nom de *conservateurs de la vue*.

Nous pourrions nous borner à dire que les modèles de broderies et de tapisseries sont faits avec soin, et toujours recherchés par les Dames de tous les pays; mais ce qui frappe dans cette fabrication, c'est que, parmi toutes les feuilles d'un même dessin, il n'y a pas à chercher les mieux faites, car elles sont toutes aussi nettes et aussi bien coloriées l'une que l'autre.

Quant au choix, il est immense, puisque, depuis 1840, de quinze à seize mille modèles de dessins différents ont été mis en vente. Ils varient, pour la taille, de 10 à 80 centimètres. On peut voir, à l'Exposition, un dessin de 4 mètres et une superbe broderie faite d'après ce modèle.

Les prix, qui sont beaucoup moins chers que ceux de Berlin, s'élèvent depuis 10 centimes jusqu'à 30 fr. Répandus partout, les dessins de M. Sajou font concurrence aux fabriques les plus renommées de la Prusse, et à Berlin ils sont estimés et même quelquefois contrefaits.

Pour populariser le goût des ouvrages à la main, M. Sajou a publié, non-seulement des feuilles séparées, mais encore de petits albums, dont les prix modiques en ont facilité l'entrée dans les ateliers et dans les salons. Non content de ces sortes de publications, et pour augmenter son œuvre de propagande, M. Sajou a fondé, en 1851, un journal pratique et spécial qui a paru mensuellement pendant quatre années, sous le nom de *Guide-Sajou*. Publié avec luxe et à un prix modéré, cet ouvrage historique, artistique et théorique, a inculqué les bonnes méthodes en matière d'ouvrages de Dames, et a rendu l'exécution facile par des applications claires et précises. Afin de compléter son entreprise, M. Sajou a ouvert, depuis plusieurs années, un cours gratuit, qui se continue toujours, pour enseigner la fabrication des divers ouvrages dont il a donné les modèles.

Ce dont M. Sajou pourrait s'enorgueillir, c'est que l'impulsion donnée par lui à la confection de ces jolis ouvrages, devenus presque une nécessité, a considérablement contribué à augmenter et perfectionner la teinture et la filature des soies, des laines et des cotons, ainsi que la fabrication des canevas et des couleurs.

Les beaux résultats auxquels M. Sajou est arrivé sont dus, non seulement à son intelligence et à la bonne direction donnée à ses ateliers, mais aussi à l'influence des principes moraux et religieux dont les bons exemples et les bons préceptes sont donnés, par lui et sa famille, à tous ceux qu'il emploie, et notamment à ses jeunes ouvrières.

Nous mentionnerons que, malgré des obstacles sérieux, M. Sajou a toujours tenu à mettre la marque de sa fabrique sur ses produits.

Outre les jeunes filles dont nous parlerons tout à l'heure, M. Sajou procure du travail à un certain nombre de dessinateurs, de graveurs, de lithographes, de brodeuses et d'autres personnes logées en dehors de son établissement. Nous croyons devoir ajouter encore quelques mots sur le régime des ateliers intérieurs, où sont employées de jeunes filles, la plupart orphelines; admises gratuitement, après leur première communion, elles sont toujours libres de se retirer quand elles le désirent. Maintenant elles sont au nombre de cinquante à soixante, et ont de dix à dix-huit ans. Leurs surveillantes immédiates sont une directrice, des maîtresses d'étude et de couture, et d'autres maîtresses d'ouvrages divers, suivant les besoins. Les dortoirs, ateliers et réfectoires sont séparés du reste de la maison, et peu de personnes, hors madame Sajou, ont le droit d'y pénétrer.

Il y a tous les jours, pour les jeunes ouvrières, classe de lecture, écriture, calcul et ortho-graphe ; puis elles passent au travail de la couture, de la tapisserie, de la broderie, de la fabrication des couleurs et du coloriage. Tour à tour aussi on les occupe aux divers services de la maison, afin de les familiariser avec l'ordre et les détails d'un ménage. Lorsqu'elles sont soumises et intelligentes, à quinze ans, on les paye assez pour que leur entretien soit à leur charge, et, en général, à dix-huit ans, elles ont à elles un trousseau de 300 à 400 fr., et, en moyenne, 300 fr. en espèces.

A partir de dix-huit ans accomplis, si leur conduite est exempte de reproche, elles peuvent rester attachées à la fabrique, à titre d'ouvrières intérieures ou extérieures, et même devenir sous-maîtresses et alors gagner de 250 à 1000 francs par année.

Les santés nous ont paru bonnes, et il y a, pour les récréations, des salles spéciales et un jardin, où chacune a son petit parterre. Dans certaines circonstances on leur procure d'innocentes distractions et des plaisirs variés et instructifs.

Le service divin se fait dans la chapelle de la maison, et un aumônier y donne ou continue l'instruction religieuse.

Le résultat de nos observations est donc, messieurs, que, depuis douze ans, les ateliers fondés par M. Sajou ont pris un grand développement, et qu'il occupe de deux cent cinquante à trois cents personnes; qu'il a répondu à l'attente de la Société d'encouragement en publiant plus d'un million de modèles de toutes sortes, empruntés jadis aux étrangers, et qui ont contribué à répandre partout le bon goût français; et, enfin, qu'il a initié et accoutumé de jeunes filles à l'amour du travail et à diverses industries qui peuvent les faire vivre honorablement en sortant de chez lui.

Eu conséquence, la commission vous propose de donner un nouveau témoignage de satisfaction et d'approbation à M. Sajou, en insérant ce rapport dans le *Bulletin.*

Signé G. MICHELIN, *rapporteur.*

Approuvé en séance, le 27 juin 1855.

Paris. — Imprimerie de L. MARTINET, rue Mignon, 2.

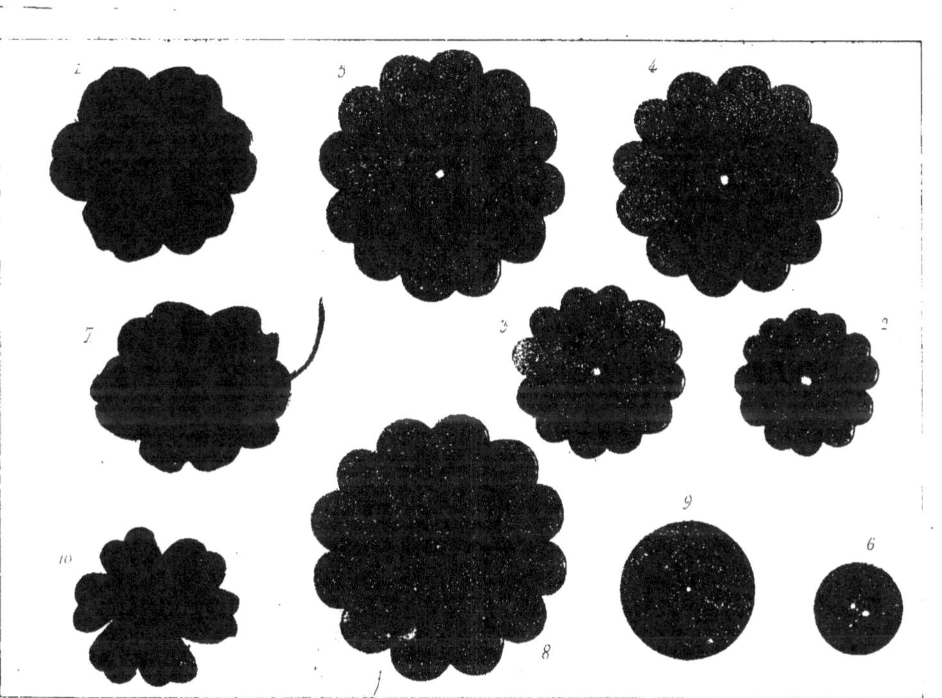

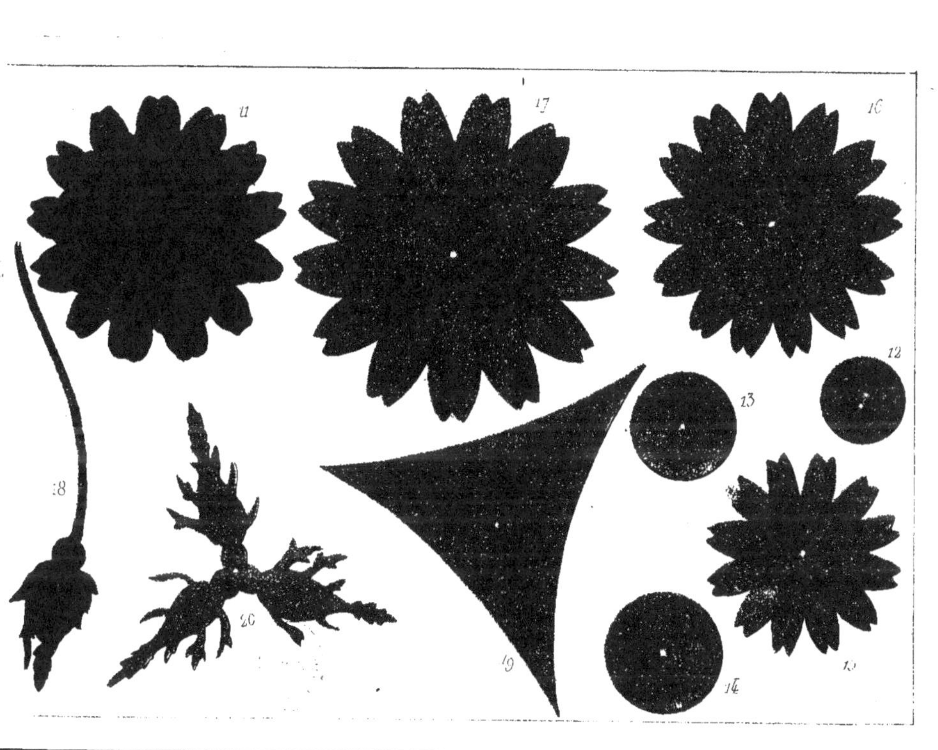

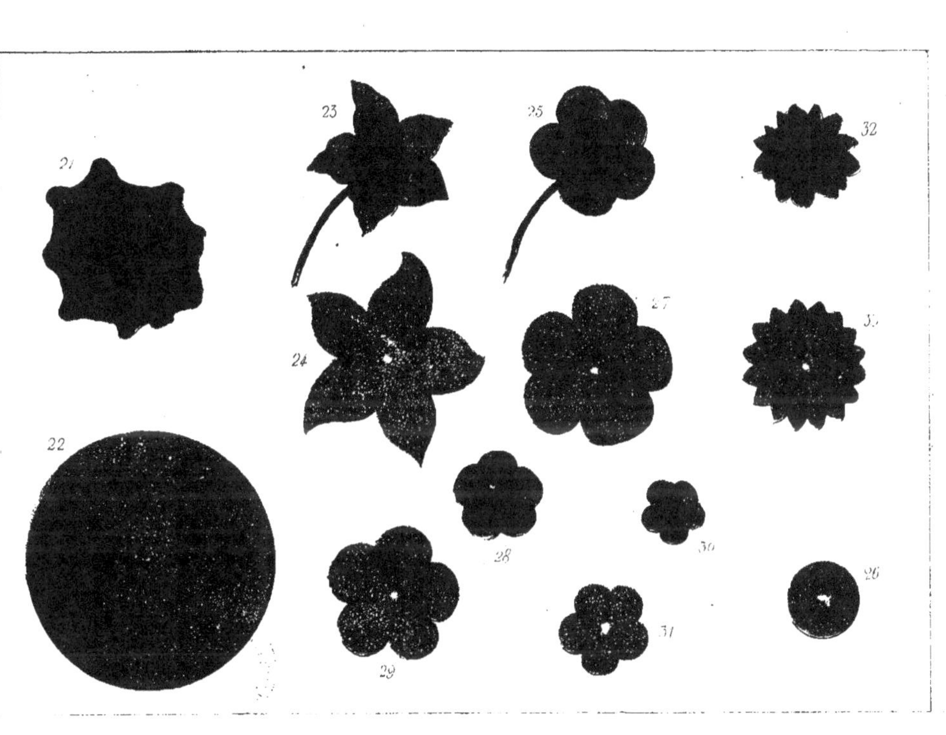

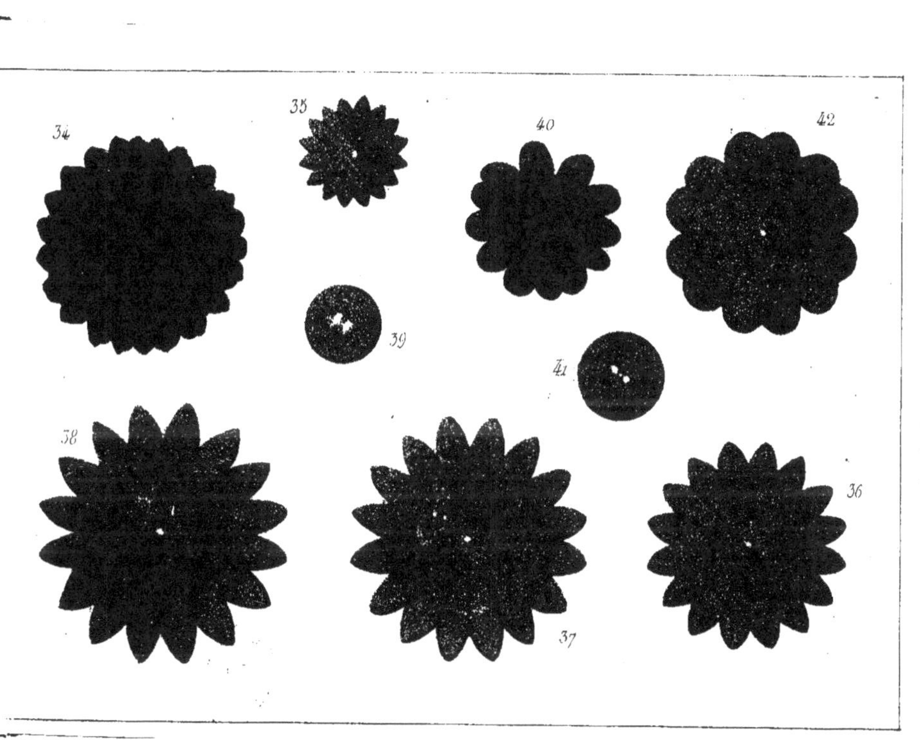

34
35
40
42
39
41
38
37
36

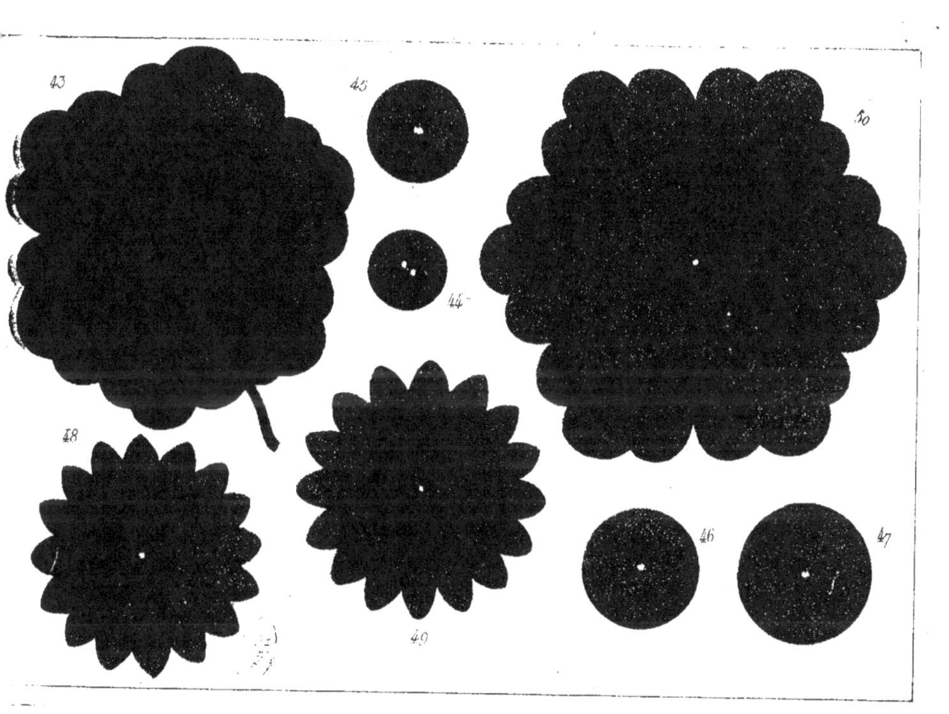

43
45
44
50
48
49
46
47

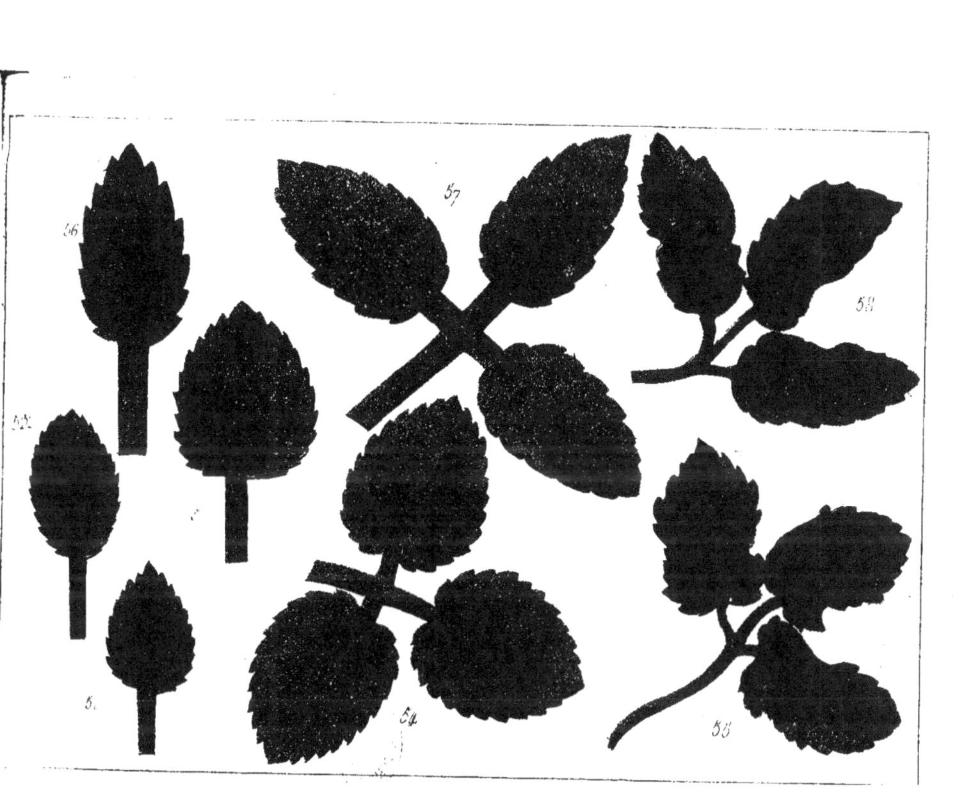

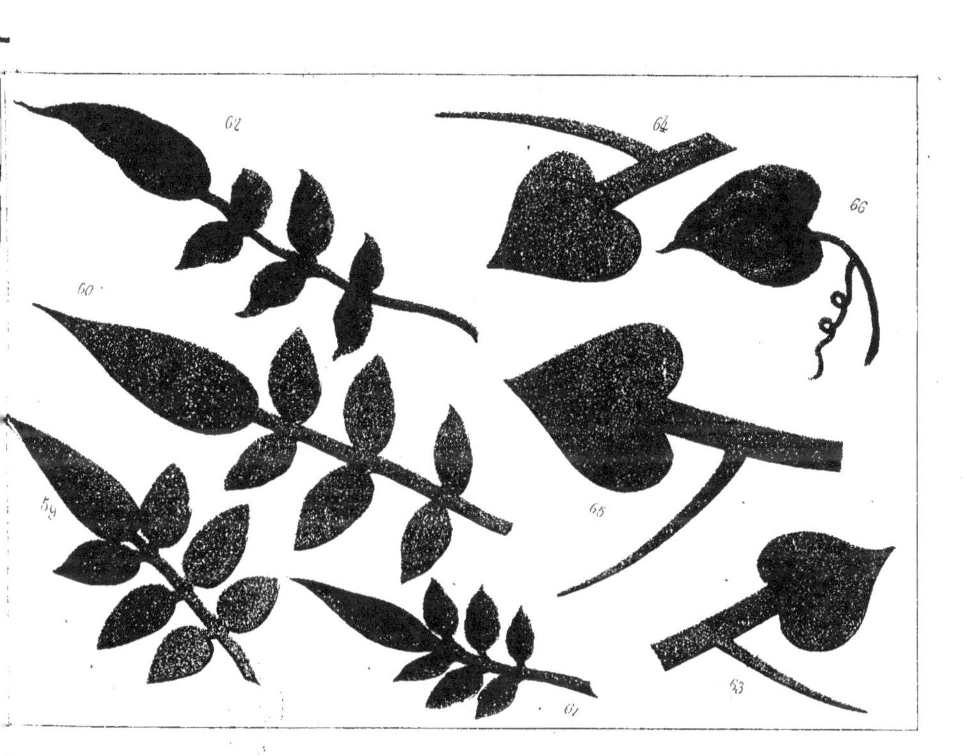

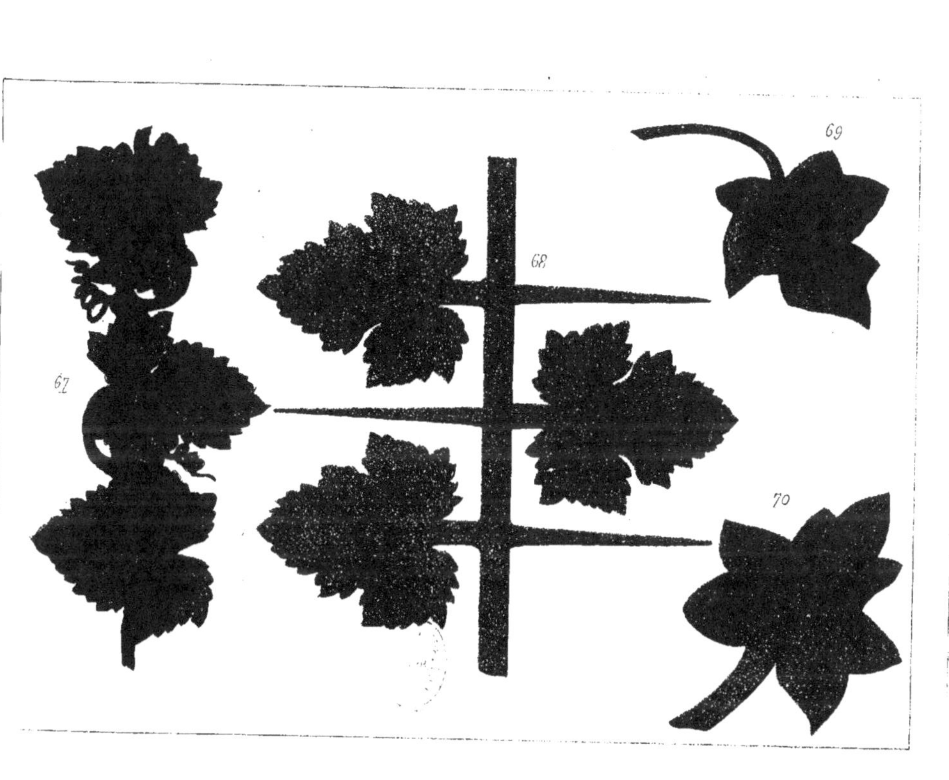
67
68
69
70

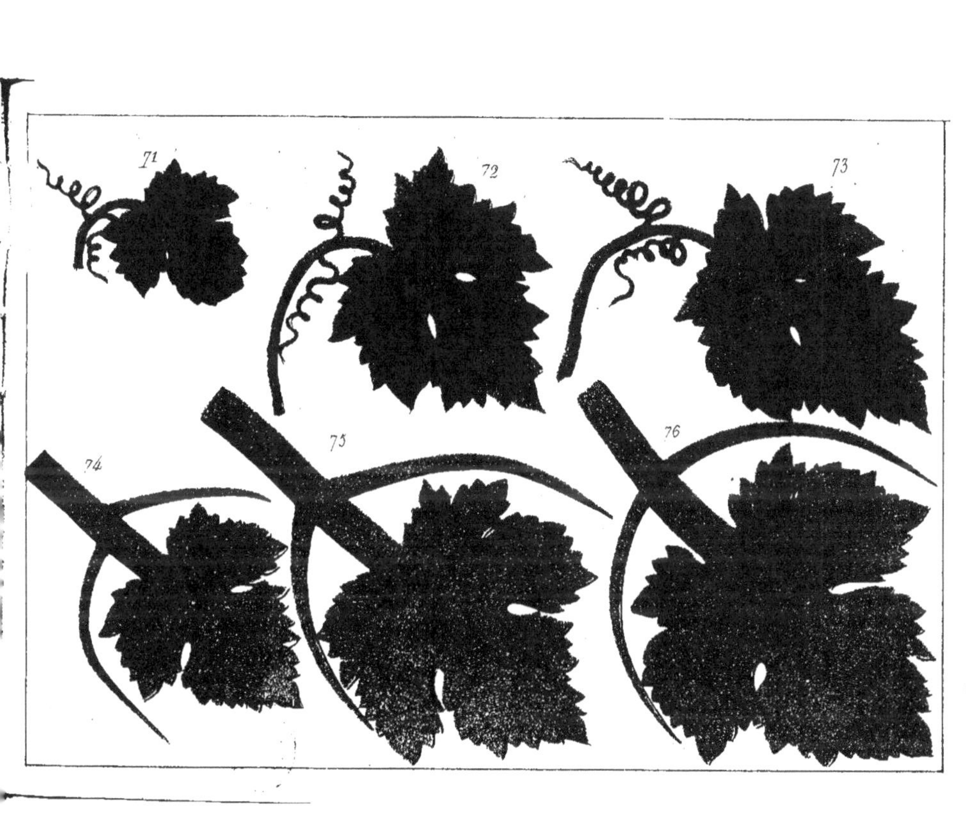
71
72
73
74
75
76

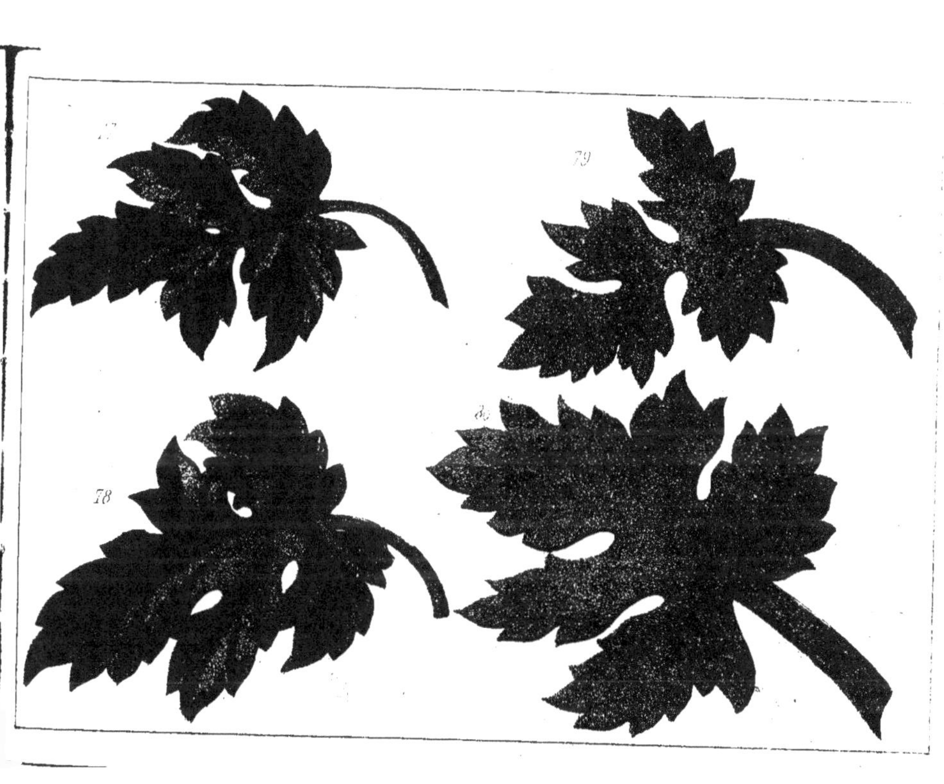

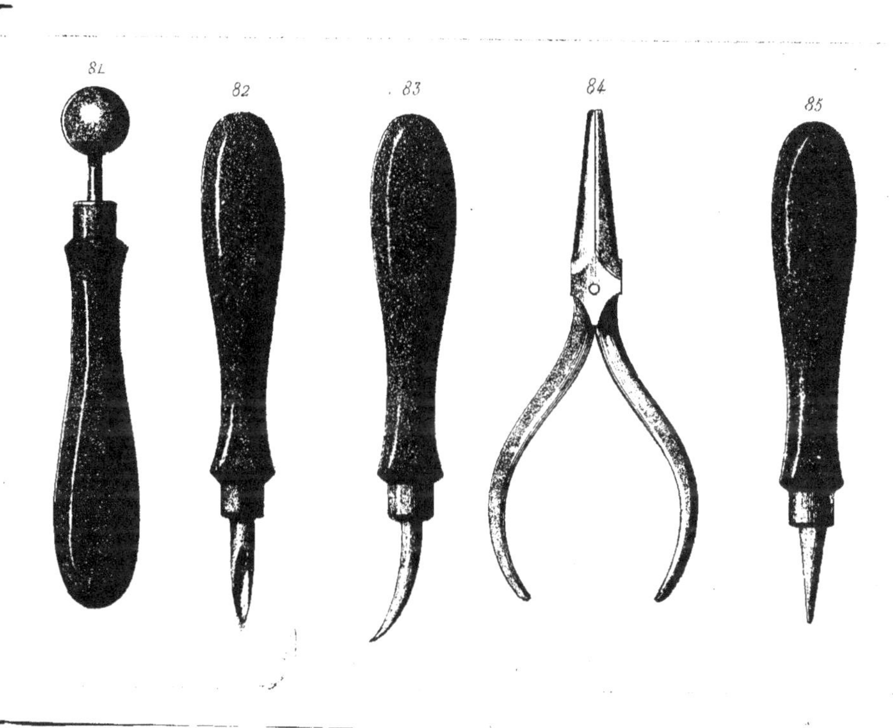

78
82
83
84
85

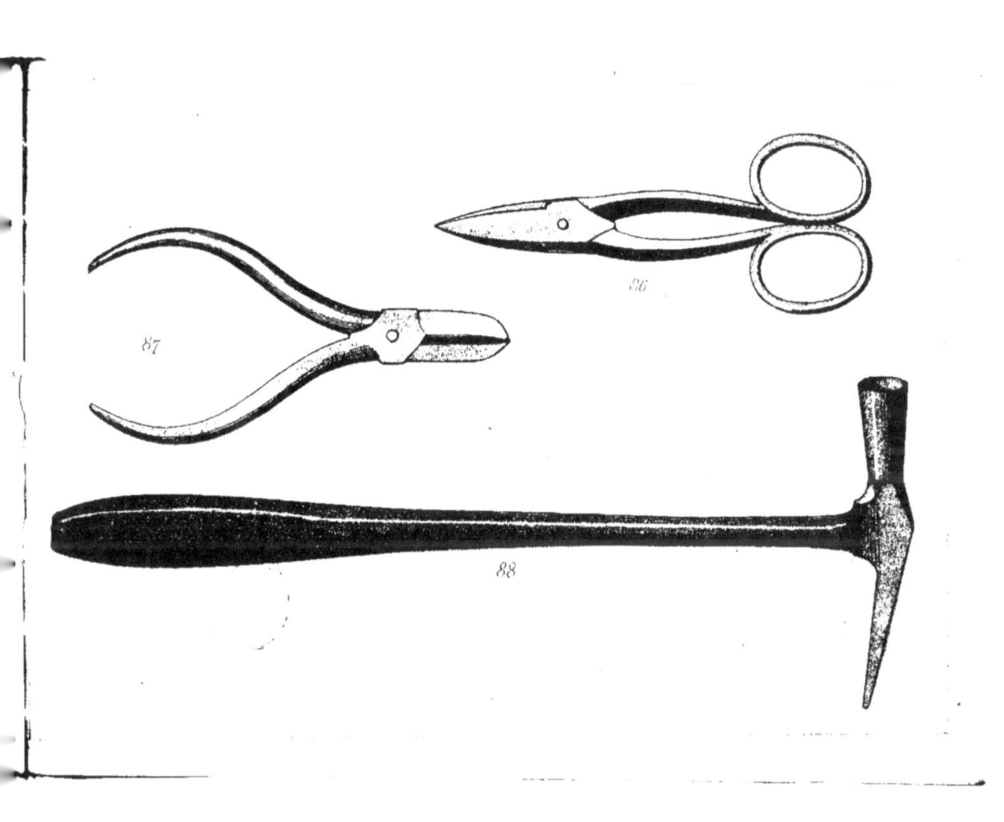

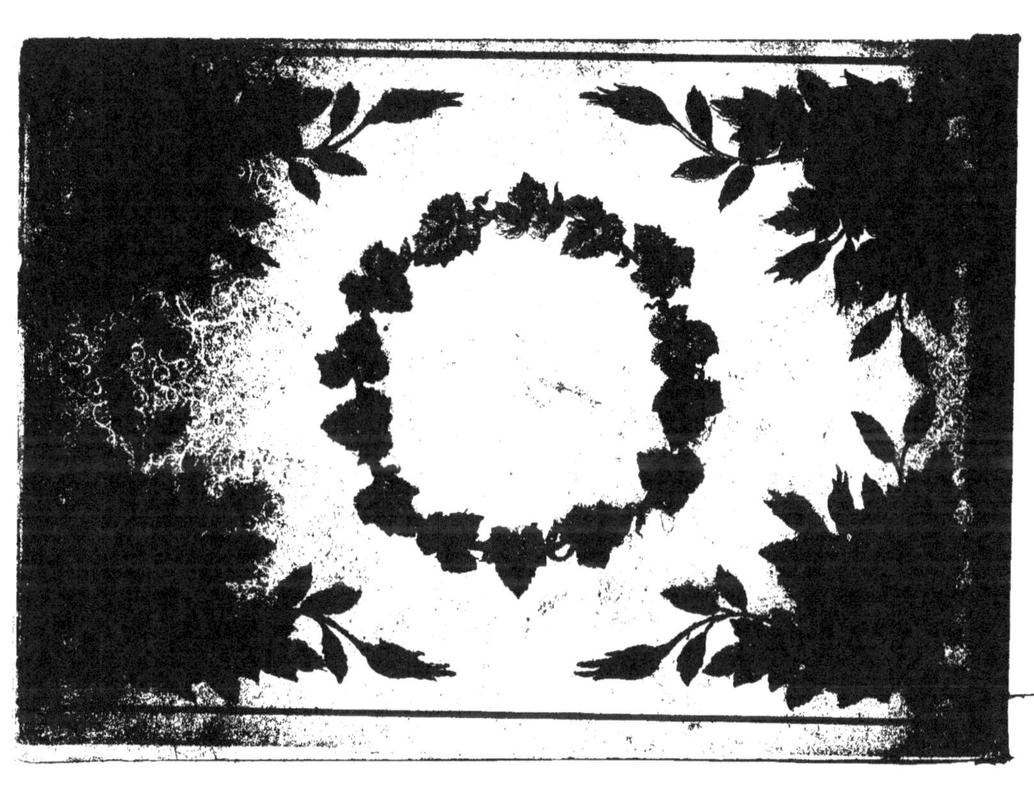